el colegio - la escuela	2
el viaje - el viaje	5
el transporte - el transporte	8
la ciudad - la ciudad	10
el paisaje - el paisaje	14
el restaurante - el restaurante	17
el supermercado - el supermercado	20
las bebidas - las bebidas	22
la comida - la comida	23
la granja - la granja	27
la casa - la casa	31
el living - la sala	33
la cocina - la cocina	35
el baño - el cuarto de baño	38
el cuarto de los chicos - la habitación de los niños	42
la ropa - la ropa	44
la oficina - la oficina	49
la economía - la economía	51
las ocupaciones - los oficios	53
las herramientas - las herramientas	56
los instrumentos musicales - los instrumentos musicales	57
el zoológico - el zoo	59
los deportes - los deportes	62
las actividades - las actividades	63
la familia - la familia	67
el cuerpo - el cuerpo	68
el hospital - el hospital	72
la emergencia - la urgencia	76
la Tierra - la tierra	77
el reloj - hora(s)	79
la semana - la semana	80
el año - el año	81
las formas - las formas	83
colores - colores	84
los opuestos - los opuestos	85
los números - los números	88
los idiomas - los idiomas	90
quién / qué / cómo - quién / qué / cómo	91
dónde - dónde	92

Impressum
Verlag: BABADADA GmbH, Nedderfeld 112 , 22529 Hamburg
Geschäftsführer / Verlagsleitung: Harald Hof
Druck: Books on Demand GmbH, In de Tarpen 42, 22848 Norderstedt

Imprint
Publisher: BABADADA GmbH, Nedderfeld 112 , 22529 Hamburg, Germany
Managing Director / Publishing direction: Harald Hof
Print: Books on Demand GmbH, In de Tarpen 42, 22848 Norderstedt

el colegio
la escuela

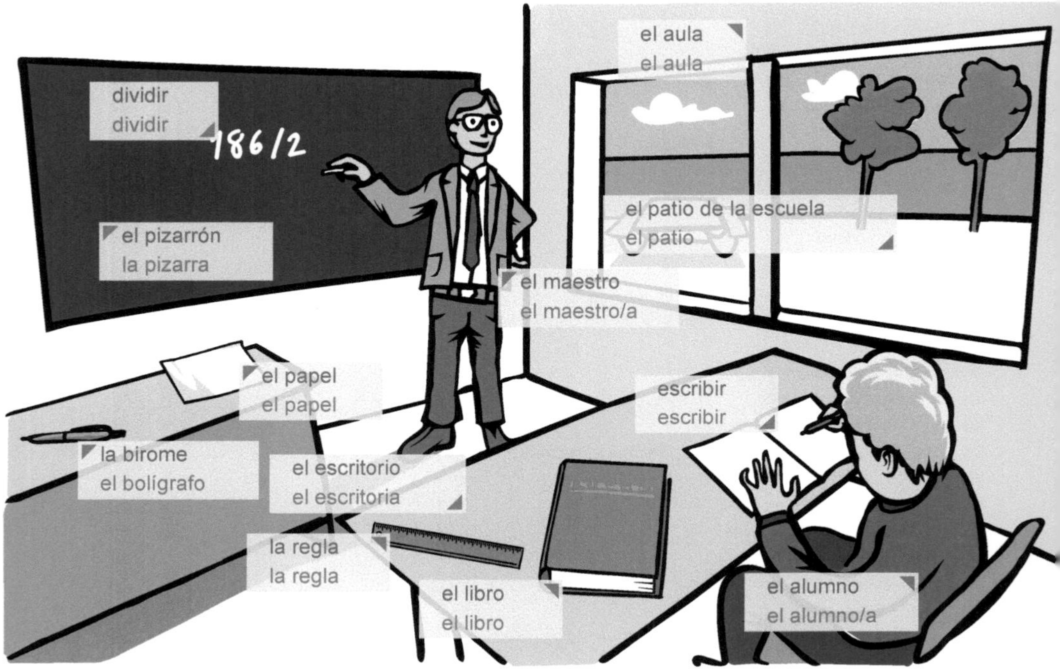
el aula
el aula
dividir
dividir
186/2
el pizarrón
la pizarra
el patio de la escuela
el patio
el maestro
el maestro/a
el papel
el papel
escribir
escribir
la birome
el bolígrafo
el escritorio
el escritoria
la regla
la regla
el libro
el libro
el alumno
el alumno/a

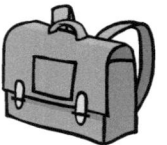

la mochila

la cartera

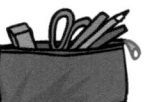

la caja de lápices

la caja de lápices

el lápiz

el lápiz

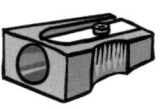

el sacapuntas

el sacapuntas

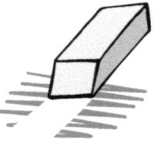

la goma (de borrar)

la goma de borrar

el bloc de dibujo

el cuaderno de dibujo

el dibujo

el dibujo

el pincel

el pincel

la caja de pinturas

la caja de pinturas

la tijera

las tijeras

el pegamento

el pegamento

el cuaderno de ejercicios

el cuaderno de ejercicios

la tarea

los deberes

el número

el número

sumar

sumar

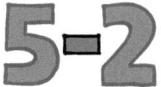

restar

restar

multiplicar

multiplicar

calcular

calcular

la letra

la letra

el abecedario

el alfabeto

la palabra

la palabra

el texto

el texto

leer

leer

la tiza

la tiza

la lección

la lección

el cuaderno de clase

el cuaderno de notas

el examen

el examen

el certificado

el certificado

el uniforme escolar

el uniforme

la educación

la educación

la enciclopedia

la enciclopedia

la universidad

la universidad

el microscopio

el microscopio

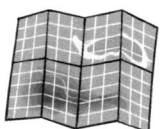

el mapa

el mapa

el tacho (de basura)

la papelera

el viaje

el hotel
el hotel
Grand
el hostel
el albergue
ROOMS
casa de cambio
oficina de cambio de divisas
EXCHANGE
la valija
la maleta
el auto
el coche

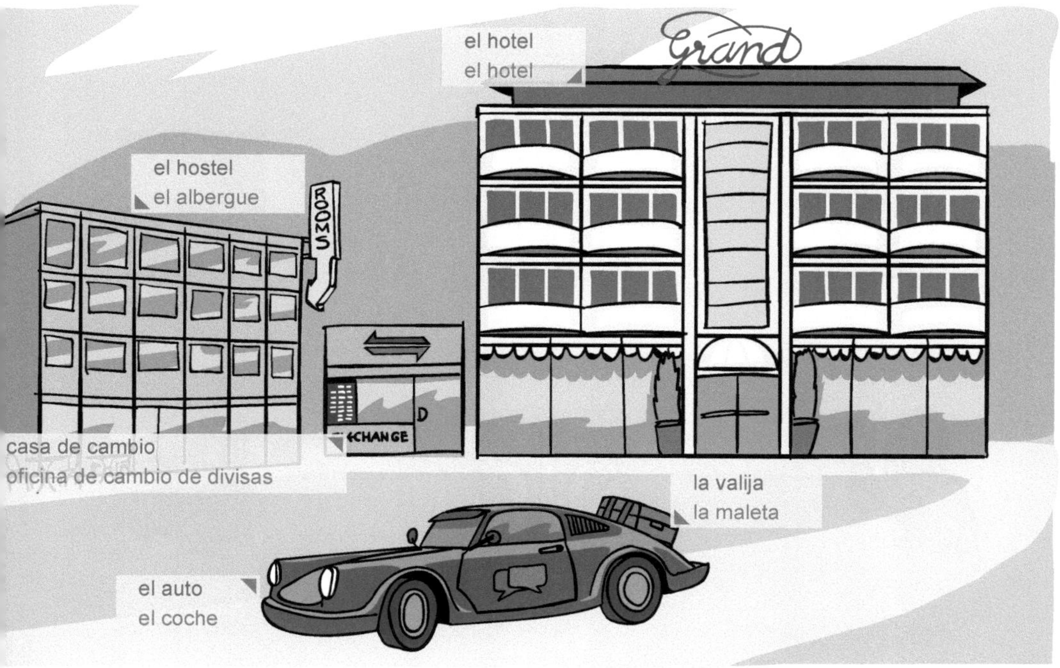

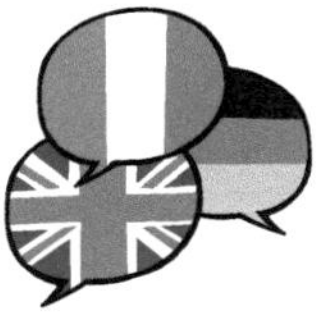

el idioma

el idioma

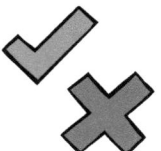

sí / no

sí / no

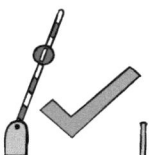

Está bien

Vale

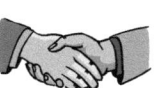

hola

hola

el traductor

el traductor

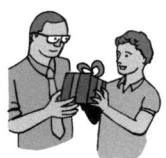

Gracias

Gracias

¿cuánto cuesta…?

¿cuánto es…?

No entiendo

No entiendo

el problema

el problema

¡Buenas tardes!

¡Buenas tardes!

¡Buenos días!

¡Buenos días!

¡Buenas noches!

¡Buenas noches!

el adiós

adiós

la dirección

la dirección

el equipaje

el equipaje

el bolso

la bolsa

la mochila

la mochila

el invitado

el invitado

la habitación

la habitación

la bolsa de dormir

el saco de dormir

la carpa

la tienda de campaña

la información turística

la información turística

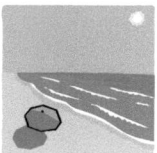

la playa

la playa

la tarjeta de crédito

la tarjeta de crédito

el desayuno

el desayuno

el almuerzo

el almuerzo

la cena

la cena

el pasaje

el billete

el ascensor

el ascensor

el sello

el sello

la frontera

la frontera

la aduana

la aduana

la embajada

la embajada

la visa

la visa

el pasaporte

el pasaporte

el transporte

el transporte

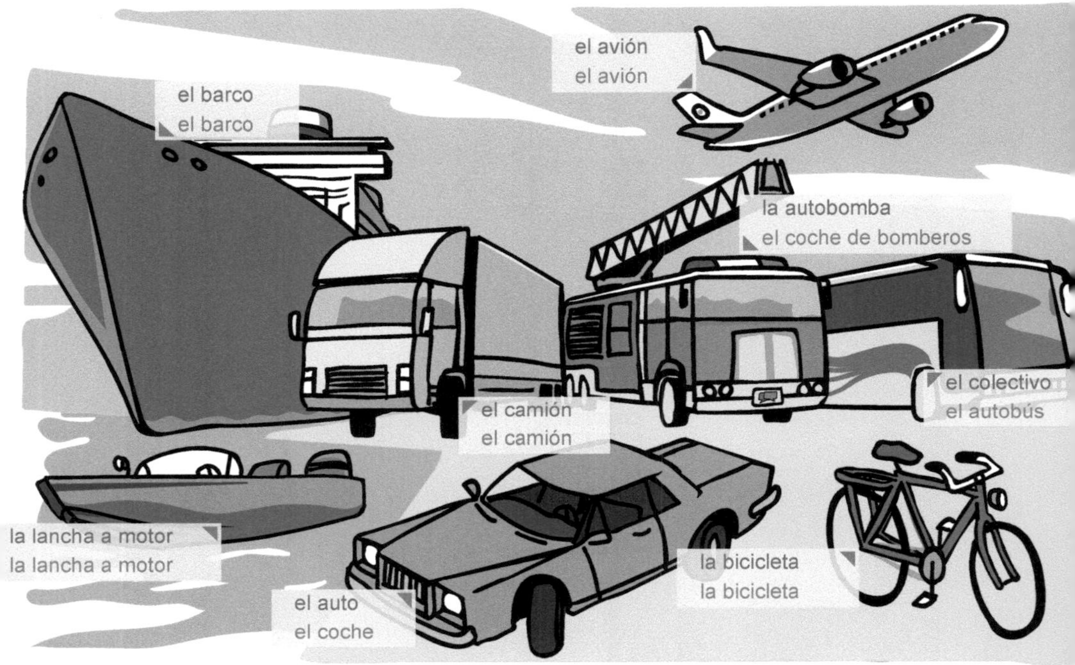
el avión
el avión
el barco
el barco
la autobomba
el coche de bomberos
el colectivo
el autobús
el camión
el camión
la lancha a motor
la lancha a motor
la bicicleta
la bicicleta
el auto
el coche

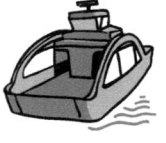

el ferry

el transbordador

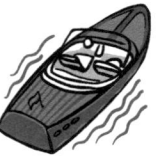

el bote

la barca

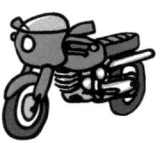

la moto

la moto

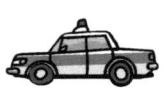

el patrullero

el coche de policía

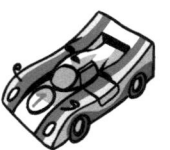

el auto de carreras

el coche de carreras

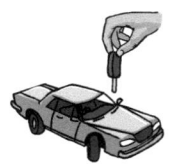

el auto de alquiler

el coche de alquiler

el alquiler de autos

el préstamo de vehículos

la grúa

la grúa

el camión de la basura

el camión de la basura

el motor

el motor

la nafta

la gasolina

la estación de servicio

la gasolinera

la señal de tránsito

la señal de tráfico

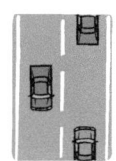

el tránsito

el tráfico

el embotellamiento

el atasco

el estacionamiento

el aparcamiento

la estación de tren

la estación de tren

las vías

las vías

el tren

el tren

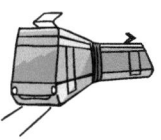

el tranvía

el tranvía

el vagón

el vagón

el helicóptero

el helicóptero

el aeropuerto

el aeropuerto

la torre

la torre

el pasajero

el pasajero

el contenedor

el contenedor

la caja de cartón

la caja de cartón

la carretilla

la carretilla

la canasta

la cesta

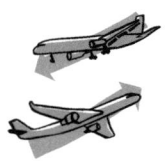

despegar / aterrizar

despegar / aterrizar

la ciudad
la ciudad

el pueblo

el pueblo

el centro de la ciudad

el centro de la ciudad

la casa

la casa

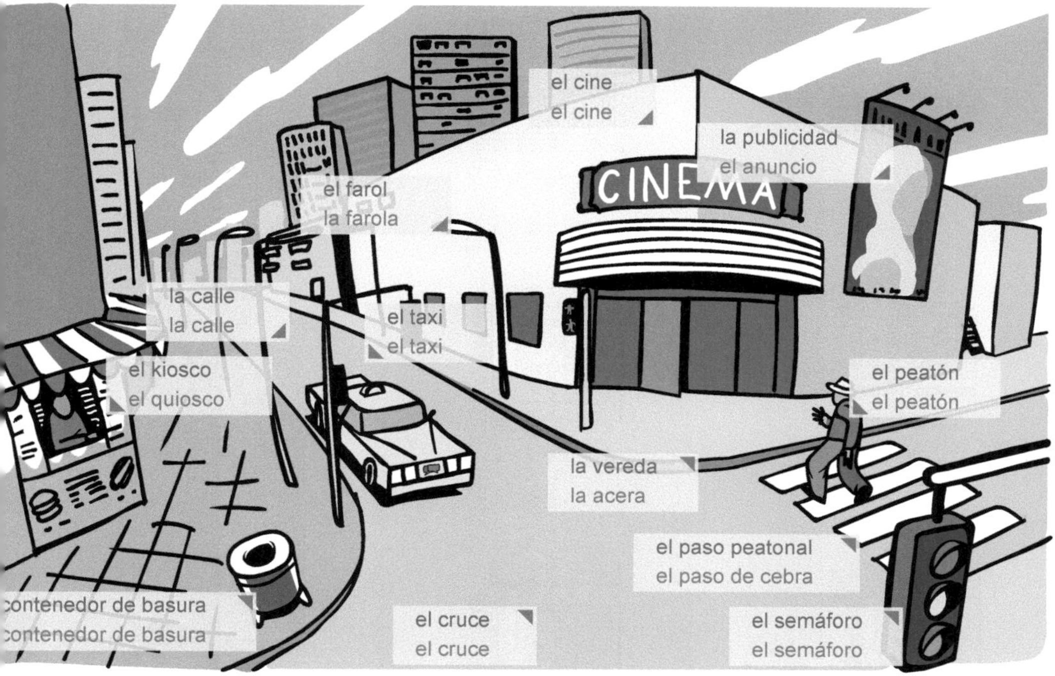

el cine
el cine

la publicidad
el anuncio

el farol
la farola

CINEMA

la calle
la calle

el taxi
el taxi

el kiosco
el quiosco

el peatón
el peatón

la vereda
la acera

el paso peatonal
el paso de cebra

contenedor de basura
contenedor de basura

el cruce
el cruce

el semáforo
el semáforo

la cabaña
la cabaña

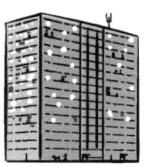

el departamento
el apartamento

la estación de tren
la estación de tren

la municipalidad
el ayuntamiento

el museo
el museo

el colegio
la escuela

la universidad

la universidad

el banco

el banco

el hospital

el hospital

el hotel

el hotel

la farmacia

la farmacia

la oficina

la oficina

la librería

la librería

el negocio

la tienda de campaña

la florería

la floristería

el supermercado

el supermercado

el mercado

el mercado

las grandes tiendas

los grandes almacenes

la pescadería

la pescadería

el centro comercial

el centro comercial

el puerto

el puerto

el parque

el parque

el banco

el banco

el puente

el puente

las escaleras

las escaleras

el subte

el metro

el túnel

el túnel

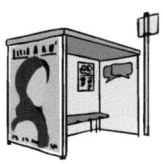

la parada del colectivo

la parada de autobús

el bar

el bar

el restaurante

el restaurante

el buzón

el buzón

el letrero

el poste indicador

el parquímetro

el parquímetro

el zoológico

el zoo

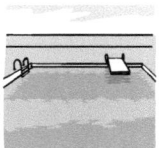

la pileta

la piscina

la mezquita

la mezquita

la granja
la granja

la contaminación
la contaminación

el cementerio
el cementerio

la iglesia
la iglesia

los juegos infantiles
el patio de juego

el templo
el templo

el paisaje
el paisaje

la hoja
la hoja

el poste indicador
la señal

el camino
el camino

la pradera
el prado

la piedra
la piedra

el árbol
el árbol

el excursionista
el excursionista

el río
el río

la hierba
la hierba

la flor
la flor

el valle

el valle

la montaña

la colina

el lago

el lago

el bosque

el bosque

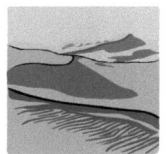

el desierto

el desierto

el volcán

el volcán

el castillo

el castillo

el arco iris

el arcoíris

el champiñón

el champiñón

la palmera

la palmera

el mosquito

el mosquito

la mosca

la mosca

la hormiga

la hormiga

la abeja

la abeja

la araña

la araña

el escarabajo

el escarabajo

la rana

la rana

la ardilla

la ardilla

el erizo

el erizo

la liebre

la liebre

la lechuza

la lechuza

el pájaro

el pájaro

el cisne

el cisne

el jabalí

el jabalí

el ciervo

el ciervo

el alce

el alce

la presa

la presa

el aerogenerador

la turbina eólica

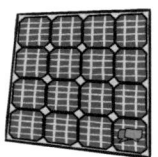

el panel solar

el panel solar

el clima

el clima

el restaurante

el restaurante

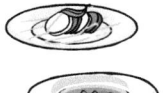

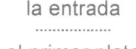

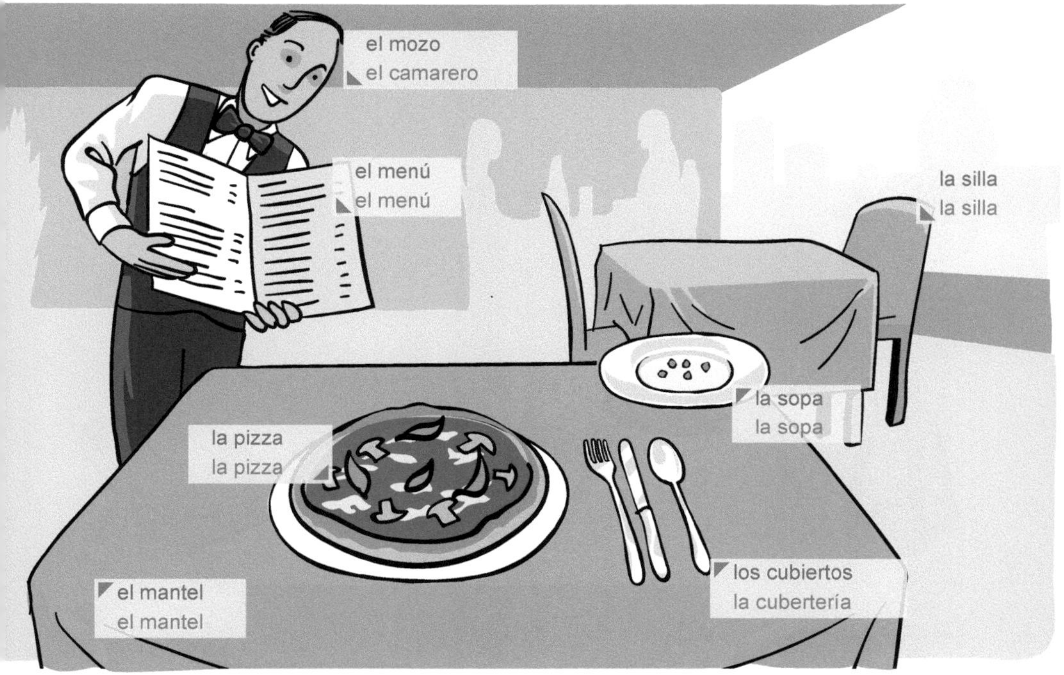
el mozo
el camarero
el menú
el menú
la silla
la silla
la sopa
la sopa
la pizza
la pizza
los cubiertos
la cubertería
el mantel
el mantel

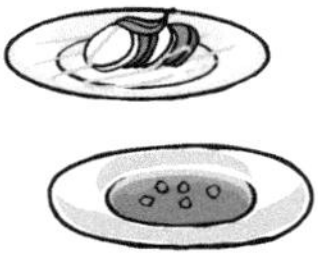

la entrada

el primer plato

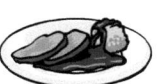

el plato principal

el plato principal

el postre

el postre

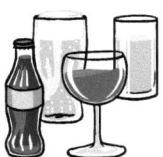

las bebidas

las bebidas

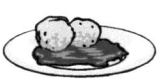

la comida

la comida

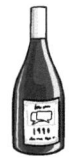

la botella

la botella

la comida rápida

la comida rápida

la comida callejera

la comida callejera

la tetera

la tetera

la azucarera

el azucarero

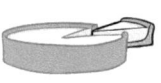

la porción

la porción

la cafetera expreso

la cafetera expreso

la sillita alta

la trona

la cuenta

la cuenta

la bandeja

la bandeja

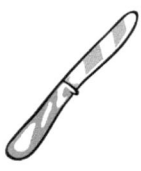

el cuchillo

el cuchillo

el tenedor

el tenedor

la cuchara

la cuchara

la cucharita

la cucharilla

la servilleta

la servilleta

el vaso

el vaso

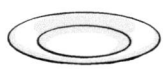

el plato
el plato

el plato hondo
el plato hondo

el plato
el platillo

la salsa
la salsa

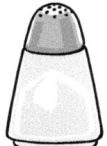

el salero
el salero

el molinillo de pimienta
el molinillo de pimienta

el vinagre
el vinagre

el aceite
el aceite

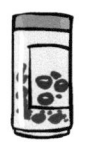

las especias
las especias

el kétchup
el ketchup

la mostaza
la mostaza

la mayonesa
la mayonesa

el supermercado

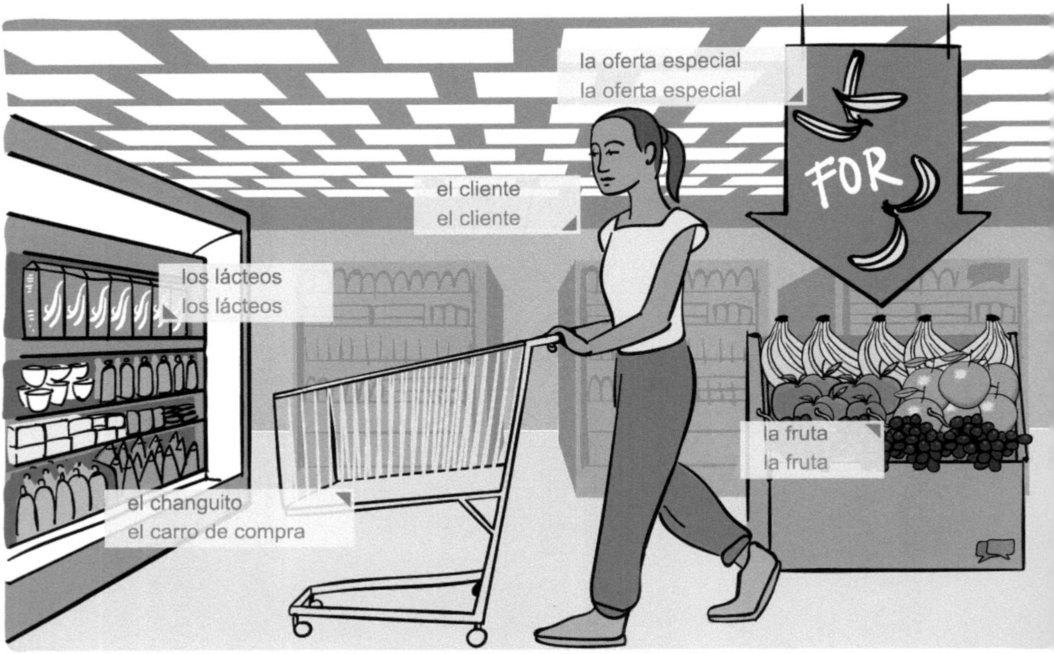

la oferta especial
la oferta especial

el cliente
el cliente

los lácteos
los lácteos

la fruta
la fruta

el changuito
el carro de compra

FOR

la carnicería	la panadería	pesar
la carniceria	la panadería	pesar

	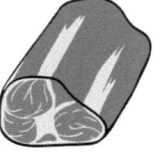	
las verduras	la carne	los alimentos congelados
las verduras	la carne	los alimentos congelados

los fiambres
los fiambres

los alimentos enlatados
las conservas

el detergente en polvo
el detergente en polvo

las golosinas
los dulces

los electrodomésticos
productos de uso doméstico

los productos de limpieza
productos de limpieza

la vendedora
la vendedora

la caja
la caja de cartón

el cajero
el cajero

la lista de compras
la lista de la compra

el horario de atención
el horario de atención al
público

la billetera
la cartera

la tarjeta de crédito
la tarjeta de crédito

la cartera
la bolsa de plástico

la bolsa de plástico
la bolsa de plástico

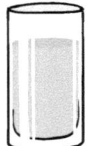

el agua

el agua

el jugo

el zumo

la leche

la leche

la bebida cola

la cola

el vino

el vino

la cerveza

la cerveza

el alcohol

el alcohol

el cacao

el cacao

el té

el té

el café

el café

el café expreso

el expreso

el cappuccino

el capuchino

la banana
el plátano

la manzana
la manzana

la naranja
la naranja

el melón
el melón

el limón
el limón

la zanahoria
la zanahoria

el ajo
el ajo

el bambú
el bambú

la cebolla
la cebolla

el champiñón
el champiñón

las nueces
las avellanas

los fideos
los fideos

los tallarines

las espagueti

el arroz

el arroz

la ensalada

la ensalada

las papas fritas

las patatas fritas

las papas fritas

las patatas fritas

la pizza

la pizza

la hamburguesa

la hamburguesa

el sándwich

el sándwich

el churrasco

el filete

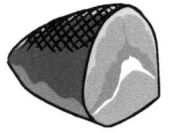

el jamón

el jamón

el salame

le salami

la salchicha

la salchicha

el pollo

el pollo

el asado

el asado

el pescado

el pescado

los copos de avena

los copos de avena

el muesli

el muesli

los copos de maíz

los copos de maíz

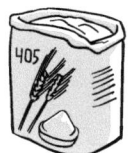

la harina

la harina

la medialuna

el cruasán

el pancito

el panecillo

el pan

el pan

la tostada

la tostada

las galletitas

las galletas

la manteca

la mantequilla

la cuajada

la cuajada

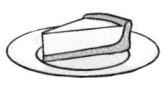

la torta

el pastel

el huevo

el huevo

el huevo frito

el huevo frito

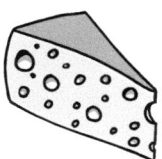

el queso

el queso

el helado

el helado

el azúcar

el azúcar

la miel

la miel

la mermelada

la mermelada

la pasta de chocolate

la crema de turrón

el curry

el curry

la granja

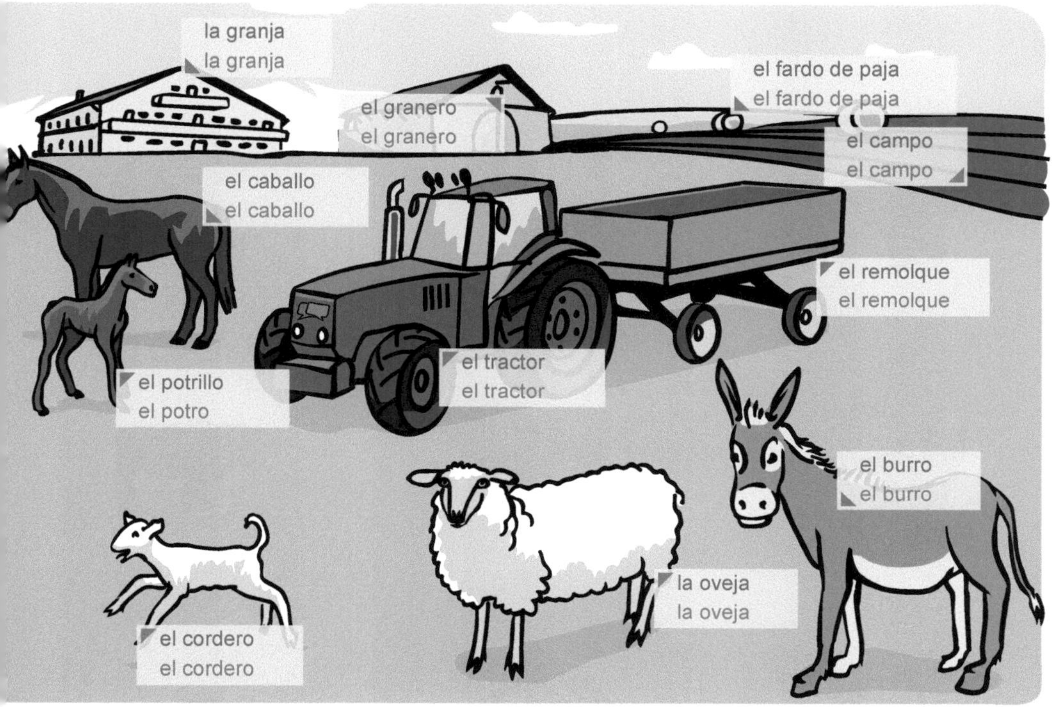
la granja
la granja
el granero
el granero
el fardo de paja
el fardo de paja
el campo
el campo
el caballo
el caballo
el remolque
el remolque
el tractor
el tractor
el potrillo
el potro
el burro
el burro
la oveja
la oveja
el cordero
el cordero

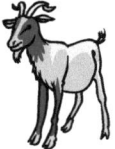

la cabra

la cabra

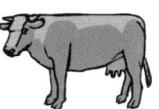

la vaca

la vaca

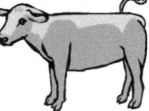

el ternero

el ternero

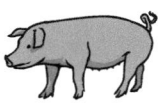

el cerdo

el cerdo

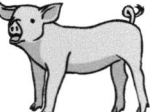

el lechón

el cerdito

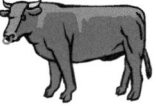

el toro

el toro

el ganso

el ganso

el pato

el pato

el pollo

el pollo

la gallina

la gallina

el gallo

el gallo

la rata

la rata

el gato

el gato

el ratón

el ratón

el buey

el buey

el perro

el perro

la cucha

la perrera

la manguera

la manguera

la regadera

la regadera

la guadaña

la guadaña

el arado

el arado

la hoz

la hoz

la azada

la azada

la horquilla

la horca

el hacha

el hacha

la carretilla

la carretilla

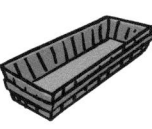

el abrevadero

el abrevadero

la lechera

la lechera

la bolsa

el saco

la reja

la valla

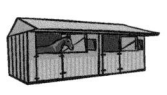

el establo

el establo

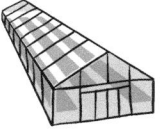

el invernadero

el invernadero

el suelo

el suelo

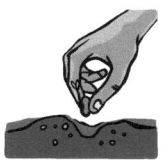

la semilla

la semilla

el fertilizador

el fertilizador

la cosechadora

la cosechadora

cosechar

cosechar

la cosecha

la cosecha

las batatas

el ñame

el trigo

el trigo

la soja

el soja

la papa

la patata

el maíz

el maíz

la semilla de colza

la semilla de colza

el árbol frutal

el árbol frutal

la mandioca

la mandioca

los cereales

las cereales

la casa
la casa

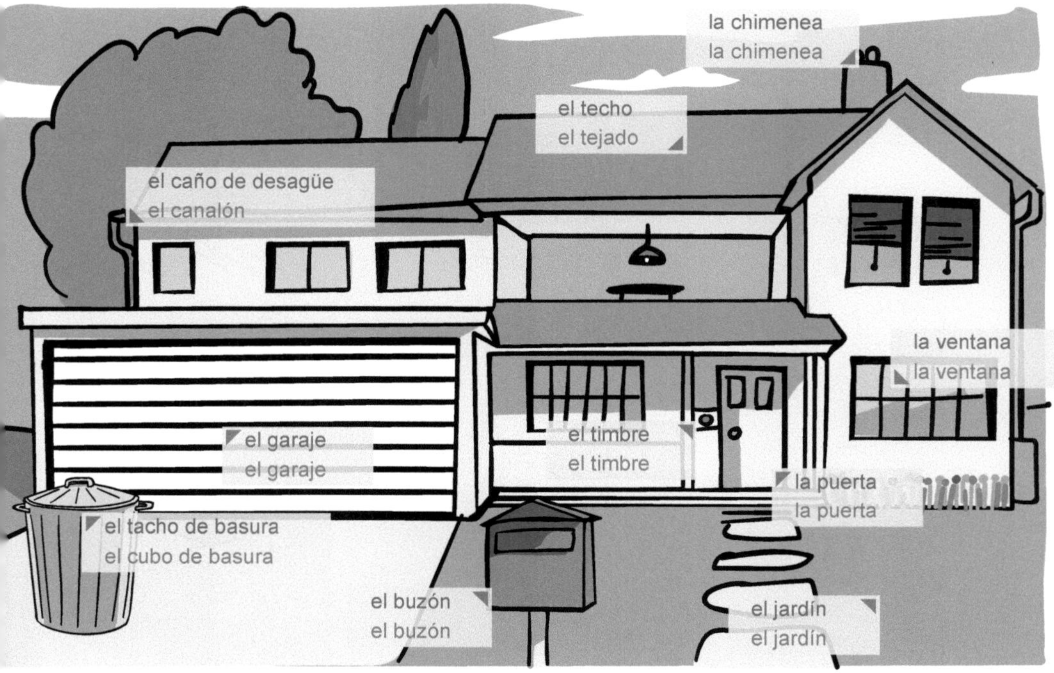
la chimenea
la chimenea
el techo
el tejado
el caño de desagüe
el canalón
la ventana
la ventana
el garaje
el garaje
el timbre
el timbre
la puerta
la puerta
el tacho de basura
el cubo de basura
el buzón
el buzón
el jardín
el jardín

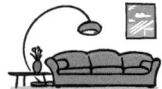

el living

la sala

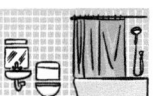

el baño

el cuarto de baño

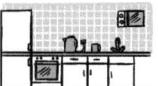

la cocina

la cocina

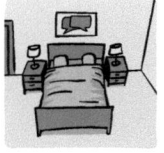

el dormitorio

el dormitorio

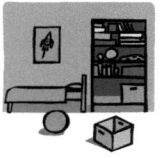

el cuarto de los chicos

la habitación de los niños

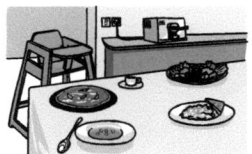

el comedor

el comedor

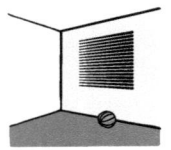

el piso

el suelo

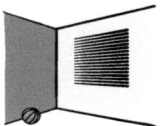

la pared

la pared

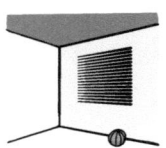

el cielorraso

el techo

el sótano

el sótano

el sauna

la sauna

el balcón

el balcón

la terraza

la terraza

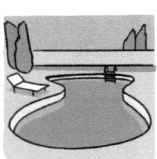

la pileta

la piscina

la cortadora de pasto

el cortacésped

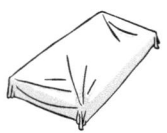

la sábana

la sábana

el acolchado

la colcha

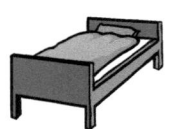

la cama

la cama

la escoba

la escoba

el balde

el balde

el interruptor

el interruptor

la casa - la casa

el living
la sala

el empapelado
el papel pintado
la imagen
la imagen
la lámpara
la lámpara
el estante
el estante
el armario
el armario
la televisión
la televisión
la chimenea
la chimenea
la flor
la flor
el almohadón
el cojín
el sofá
el sofá
el florero
el jarrón
el control remoto
el mando a distancia

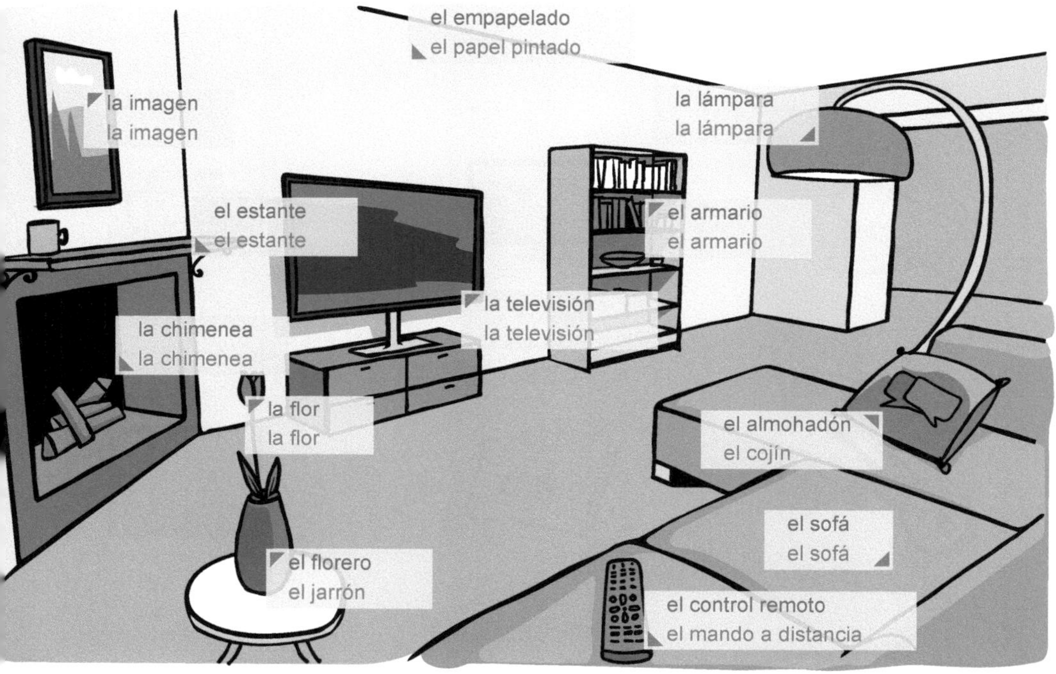

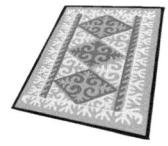

la alfombra

la alfombra

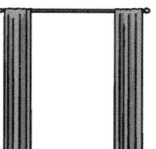

la cortina

la cortina

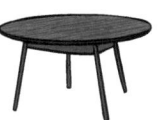

la mesa

la mesa

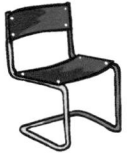

la silla

la silla

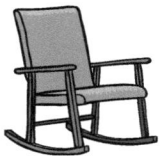

la mecedora

el mecedora

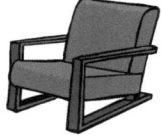

el sillón

la butaca

el libro

el libro

la frazada

la manta

la decoración

la decoración

la leña

la leña

la película

la película

el equipo de música

el equipo de música

la llave

la llave

el diario

el periódico

la pintura

la pintura

el póster

el póster

la radio

la radio

el cuaderno

el cuaderno

la aspiradora

la aspiradora

el cactus

el cactus

la vela

la vela

la cocina
la cocina

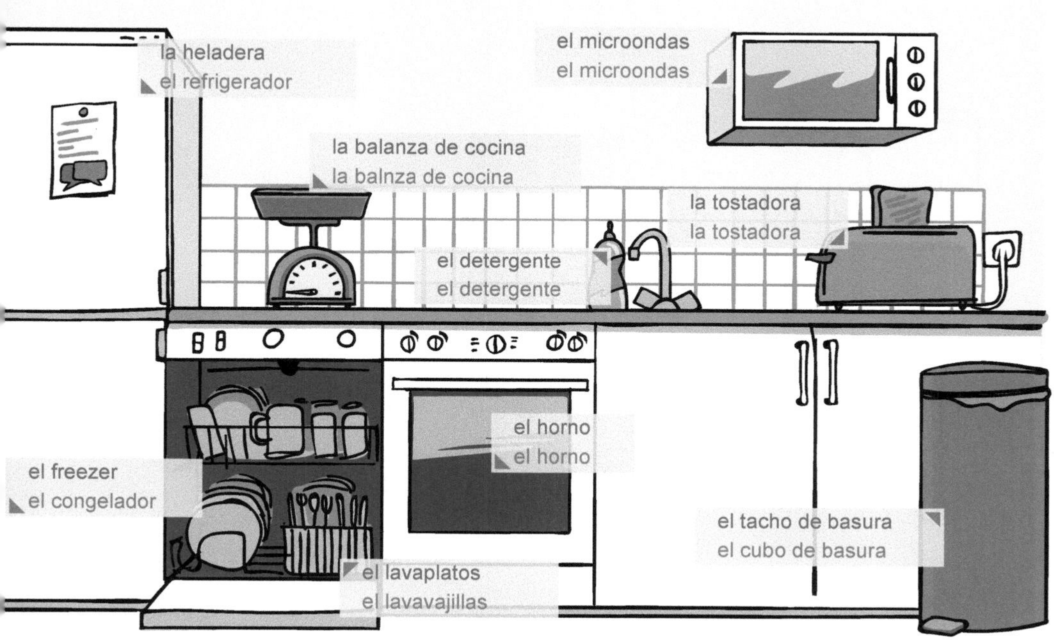

la heladera
el refrigerador
el microondas
el microondas
la balanza de cocina
la balnza de cocina
la tostadora
la tostadora
el detergente
el detergente
el horno
el horno
el freezer
el congelador
el tacho de basura
el cubo de basura
el lavaplatos
el lavavajillas

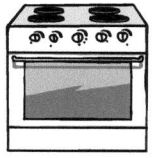

la cocina

la olla a presión

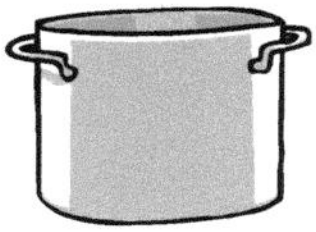

la olla

la olla

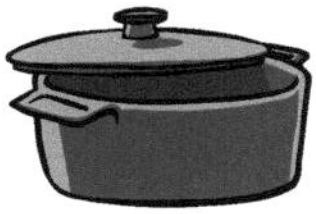

la olla de hierro fundido

la olla de hierro fundido

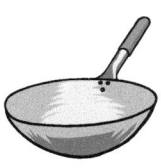

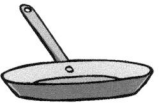

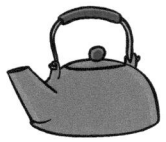

el wok

el wok

la sartén

la cazuela

la pava

el hervidor

la vaporera

la vaporera

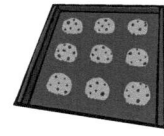

la bandeja de horno

la chapa de horno

la vajilla

la vajilla

la taza

la taza

el bol

el tazón

los palitos

los palillos

el cucharón

el cucharón

la espátula

la espumadera

la batidora

el batidor

el colador

el colador

el colador

el cedazo

el rallador

el rallador

el mortero

el mortero

la parrilla

la barbacoa

la fogata

la hoguera

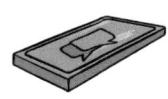

la tabla de picar

la tabla de picar

el palo de amasar

el rodillo

el sacacorchos

el sacacorchos

la lata

la lata

el abrelatas

el abrelatas

la manopla

el agarrador

la pileta

el lavabo

el cepillo

el cepillo

la esponja

la esponja

la batidora

la batidora

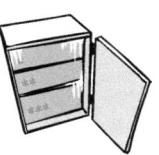

el congelador

el congelador

la mamadera

el biberón

la canilla

el grifo

el cuarto de baño

la ducha
la ducha

la calefacción
la calefacción

la toalla
la toalla

la cortina de la ducha
la cortina de la ducha

el baño de espuma
el baño de espuma

la bañadera
la bañera

el vaso
el vaso

el lavarropas
la lavadora

la canilla
el grifo

las baldosas
las baldosas

la pelela
el orinal

la pileta
el lavabo

el inodoro
el inodoro

la letrina
el inodoro rústico

el bidé
el bidé

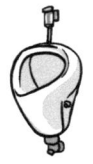

el mingitorio
el urinario

el papel higiénico
el papel higiénico

el cepillo para el inodoro

la escobilla del váter

el cepillo de dientes

el cepillo de dientes

el dentífrico

la pasta de dientes

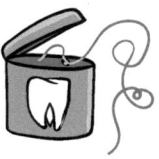

el hilo dental

el hilo dental

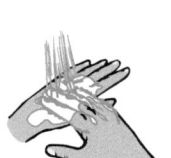

lavar

lavar

la ducha de mano

la ducha de mano

la ducha higiénica

la ducha íntima

la palangana

la pila

el cepillo para la espalda

el cepillo de espalda

el jabón

el jabón

el gel de ducha

el gel de ducha

el shampoo

el champú

la toallita

la toallita

el desagüe

el desagüe

la crema

la crema

el desodorante

el desodorante

el espejo

el espejo

el espejito

el espejo de tocador

la maquinita de afeitar

la maquinilla de afeitar

la espuma de afeitar

la espuma de afeitar

el aftershave

la loción postafeitado

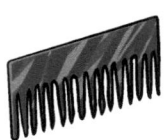

el peine

el peine

el cepillo

el cepillo

el secador de pelo

el secador

el spray

la laca

el maquillaje

el maquillaje

el lápiz de labios

el pintalabios

el esmalte para uñas

el pintauñas

el algodón

el algodón

la tijera para uñas

el cortauñas

el perfume

el perfume

el portacosméticos

el estuche de viaje

la banqueta

la banqueta

la balanza

la balanza

la bata

el albornoz

los guantes de goma

los guantes de goma

el tampón

el tampón

la toallita femenina

la compresa

el baño químico

el inodoro químico

el cuarto de los chicos
la habitación de los niños

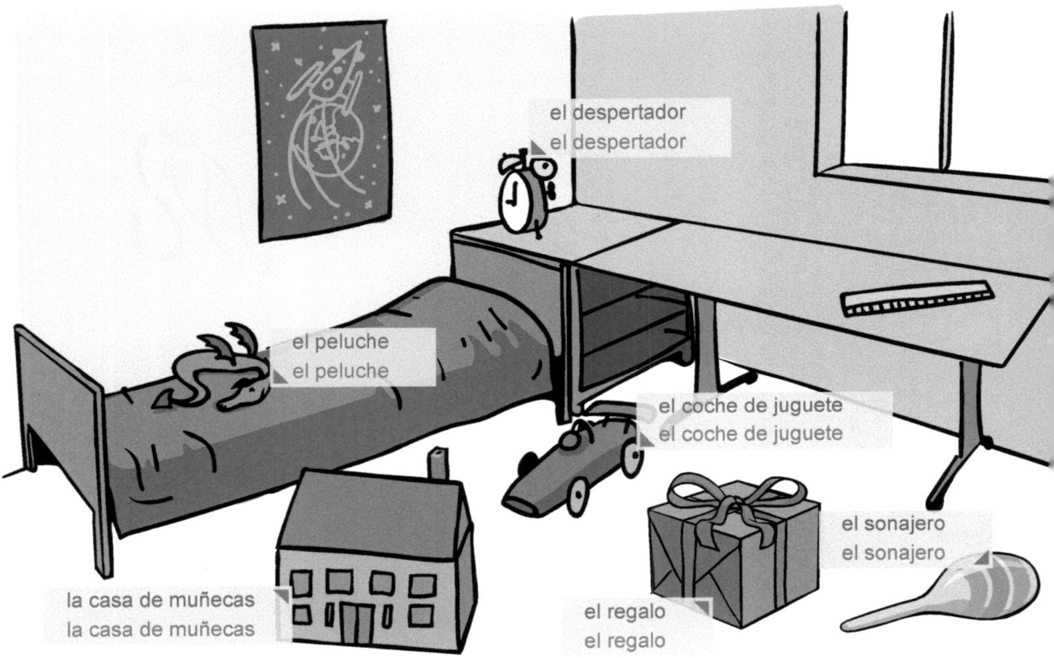
el despertador
el despertador
el peluche
el peluche
el coche de juguete
el coche de juguete
el sonajero
el sonajero
la casa de muñecas
la casa de muñecas
el regalo
el regalo

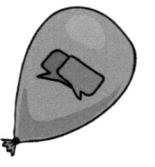

el globo
el globo

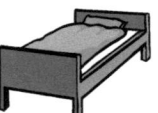

la cama
la cama

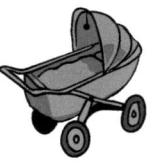

el cochecito
el coche de niño

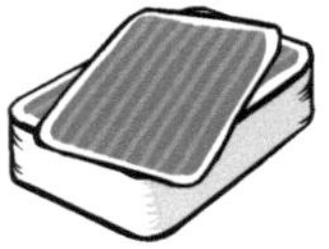

las cartas
los naipes

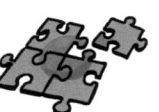

el rompecabezas
el puzle

SUPER MEGA

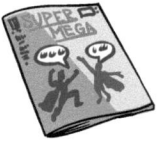

la historieta
el tebeo

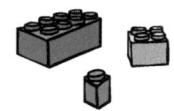

las piezas de lego

las piezas de lego

los ladrillos de juguete

los bloques de juguete

la figura de acción

la figura de acción

el enterito (de bebé)

el bodi (de bebé)

el frisbee

el frisbee

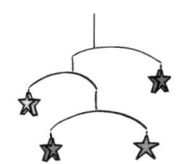

el móvil para bebés

el colgador móvil para bebés

el juego de mesa

el juego de mesa

los dados

los dados

el tren eléctrico

el circuito de tren eléctrico

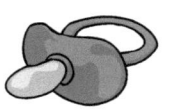

el chupete

el maniquí

la fiesta

la fiesta

el libro de cuentos ilustrado

el álbum de fotos

la pelota

la pelota

la muñeca

la muñeca

jugar

jugar

el arenero

el cajón de arena

la hamaca

el columpio

los juguetes

los juguetes

la consola de videojuegos

la videoconsola

el triciclo

el triciclo

el osito de peluche

el oso de peluche

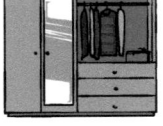

el armario

la guardarropa

la ropa

la ropa

las medias

los calcetines

las medias panty

las medias

las calzas

los leotardos

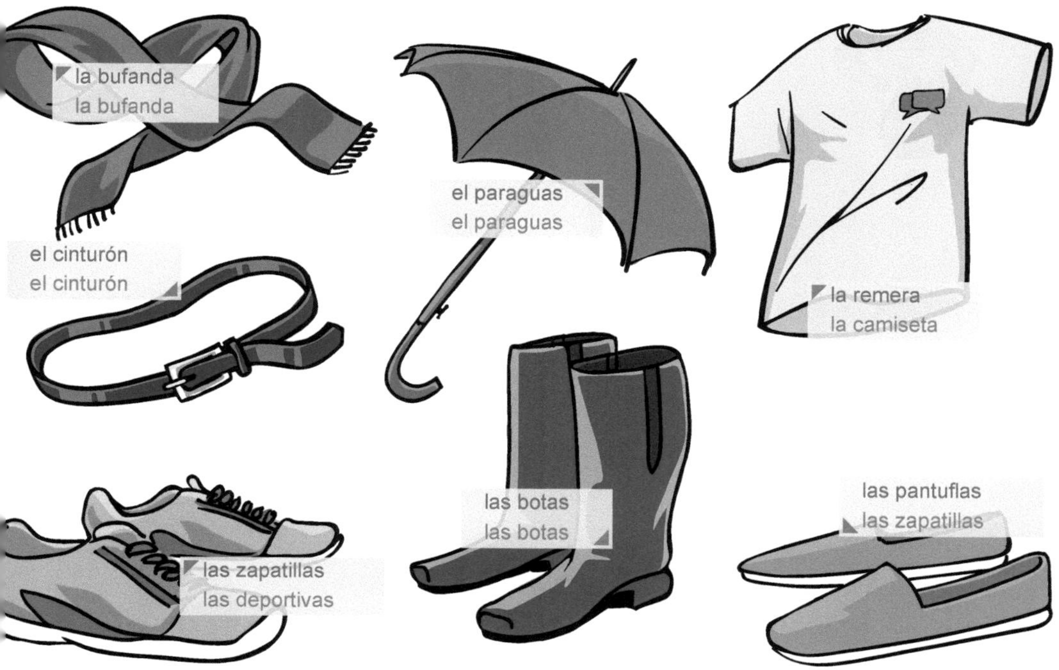

la bufanda
la bufanda

el cinturón
el cinturón

el paraguas
el paraguas

la remera
la camiseta

las zapatillas
las deportivas

las botas
las botas

las pantuflas
las zapatillas

las sandalias
las sandalias

los zapatos
los zapatos

las botas de goma
las botas de goma

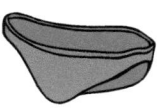
la ropa interior
el slip

el corpiño
el sostén

el chaleco
el chaleco

el body
el bodi

los pantalones
los pantalones cortos

los jeans
los vaqueros

la pollera
la falda

la blusa
la blusa

la camisa
la camisa

el pulóver
el jersey

el buzo
el suéter

el blazer
el blazer

la campera
la chaqueta

el tapado
el abrigo

el piloto
la gabardina

el traje
el traje

el vestido
el vestido

el vestido de novia
el vestido de novia

el traje

el traje

el camisón

el camisón

el pijama

el pijama

el sari

el sati

el pañuelo para la cabeza

el bandana

el turbante

el turbante

la burka

la burka

el caftán

el caftán

la abaya

la abaya

el traje de baño

el traje de baño

el short de baño

el bañador

los shorts

los pantalones cortos

el jogging

el chándal

el delantal

el delantal

los guantes

los guantes

el botón

el botón

los anteojos

las gafas

la pulsera

el brazalete

el collar

el collar

el anillo

el anillo

el aro

el pendiente

la gorra

la gorra

la percha

la percha

el sombrero

el sombrero

la corbata

la corbata

el cierre

la cremallera

el casco

el casco

los tiradores

los tirantes

el uniforme escolar

el uniforme

el uniforme

el uniforme

el babero
el babero

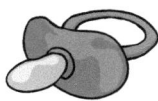

el chupete
el maniquí

el pañal
el pañal

la oficina
la oficina

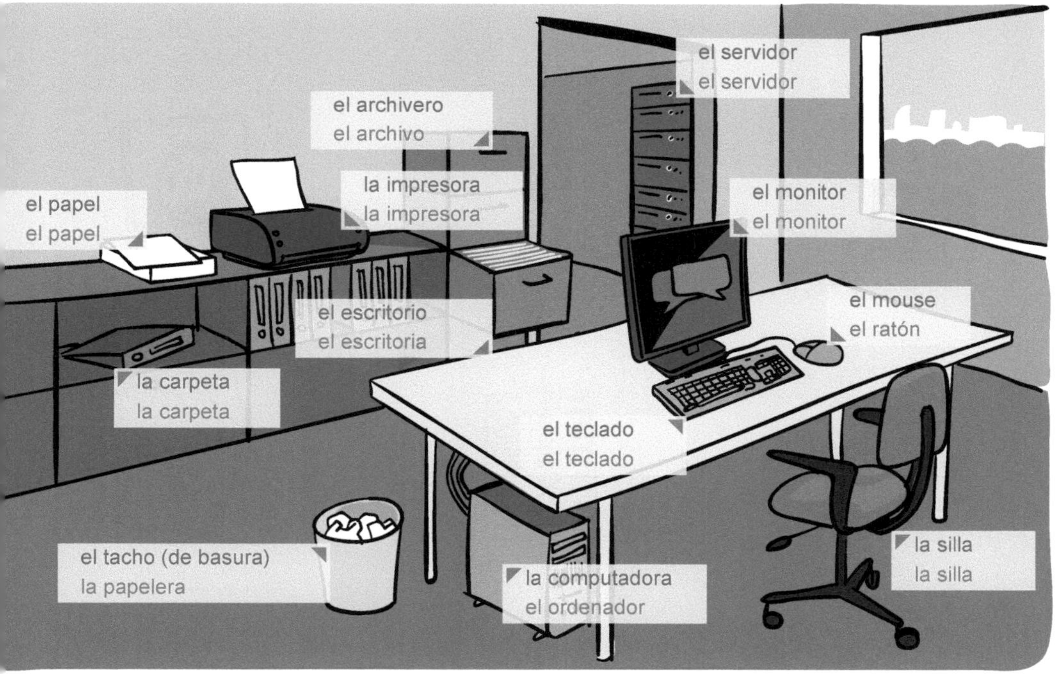

el servidor
el servidor

el archivero
el archivo

la impresora
la impresora

el papel
el papel

el monitor
el monitor

el escritorio
el escritoria

el mouse
el ratón

la carpeta
la carpeta

el teclado
el teclado

el tacho (de basura)
la papelera

la computadora
el ordenador

la silla
la silla

la taza de café
la taza de café

la calculadora
la calculadora

el internet
el internet

la laptop
el portátil

la carta
la carta

el mensaje
el mensaje

el celular
el móvil

la red
la red

la fotocopiadora
la fotocopiadora

el software
el software

el teléfono
el teléfono

el tomacorriente
la toma de corriente

el fax
el fax

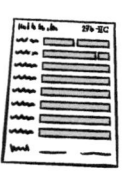

el formulario
el formulario

el documento
el documento

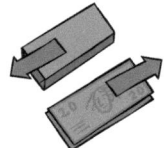

comprar

comprar

pagar

pagar

hacer negocios

comerciar

el dinero

el dinero

el dólar

el dólar

el euro

el euro

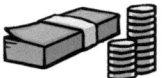

el yen

el yen

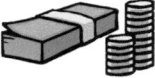

el rublo

el rublo

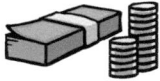

el franco suizo

el franco suizo

el yuan

el renminbi yuan

la rupia

la rupia

el cajero automático

el cajero automático

la casa de cambio

la oficina de cambio de
divisas

el oro

el oro

la plata

la plata

el petróleo

el petróleo

la energía

la energía

el precio

el precio

el contrato

el contrato

el impuesto

el impuesto

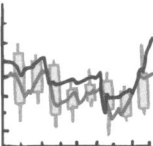

la acción

la acción

trabajar

trabajar

el empleado

el empleador

el empleador

el empleador

la fábrica

la fábrica

el negocio

la tienda de campaña

las ocupaciones
los oficios

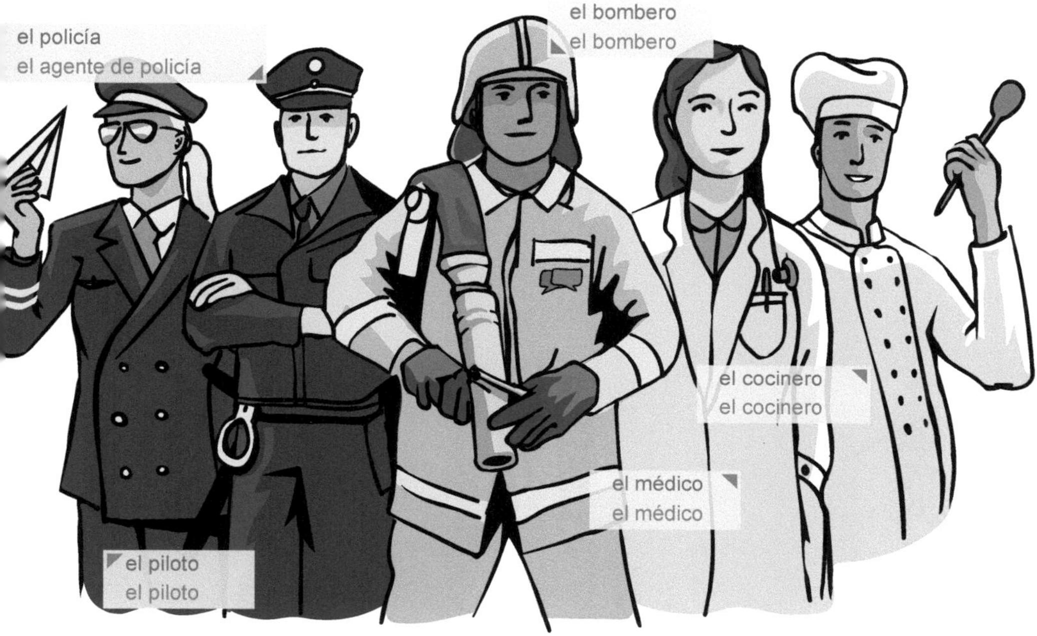
el policía
el agente de policía
el bombero
el bombero
el cocinero
el cocinero
el médico
el médico
el piloto
el piloto

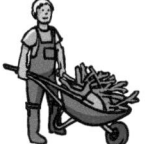

el jardinero

el jardinero

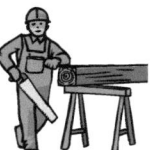

el carpintero

el carpintero

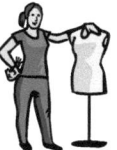

la modista

la costurera

el juez

el juez

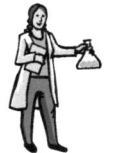

el farmacéutico

el farmacéutico

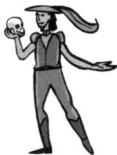

el actor

el actor

el colectivero

el conductor de autobús

el taxista

el taxista

el pescador

el pescador

la mucama

la señora de la limpieza

el techista

el techador

el mozo

el camarero

el cazador

el cazador

el pintor

el pintor

el panadero

el panadero

el electricista

el electricista

el albañil

el obrero

el ingeniero

el ingeniero

el carnicero

el carnicero

el plomero

el fontanero

el cartero

el cartero

el soldado

el soldado

el arquitecto

el arquitecto

el cajero

el cajero

el florista

el florista

el peluquero

el peluquero

el cobrador

el revisor

el mecánico

el mecánico

el capitán

el capitán

el dentista

el dentista

el científico

el científico

el rabino

el rabino

el imán

el imán

el monje

el monje

el sacerdote

el sacerdote

las herramientas

las herramientas

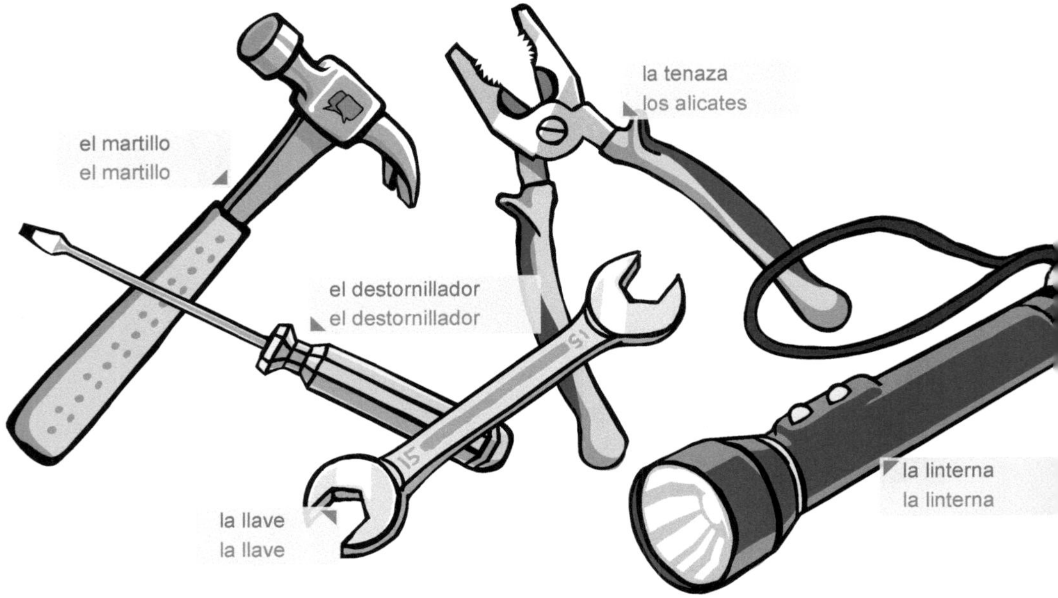
el martillo
el martillo
la tenaza
los alicates
el destornillador
el destornillador
la llave
la llave
la linterna
la linterna

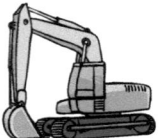

la excavadora

la excavadora

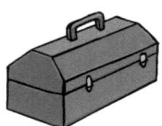

la caja de herramientas

la caja de herramientas

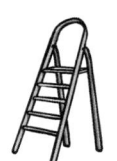

la escalera portátil

la escalera de mano

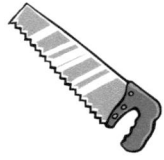

la sierra

la sierra

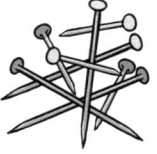

los clavos

los clavos

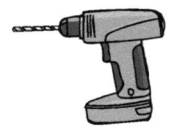

el taladro

el taladro

arreglar
reparar

la pala de jardín
la pala

¡Qué bronca!
¡Maldita sea!

la pala de plástico
el recogedor

el tacho de pintura
el bote de pintura

los tornillos
los tornillos

los instrumentos musicales
los instrumentos musicales

la batería
la batería

el parlante
el altavoz

la guitarra
la guitarra

el contrabajo
el contrabajo

la trompeta
la trompeta

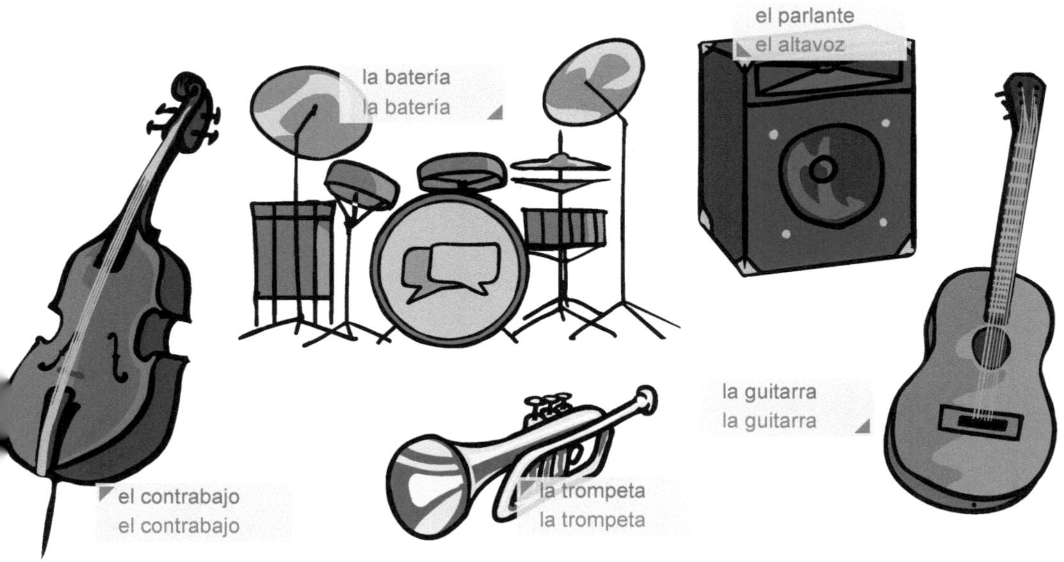

el piano

el piano

el violín

el violín

el bajo

bajo

los timbales

los timbales

el tambor

el tambor

el teclado

el teclado

el saxofón

el saxofón

la flauta

la flauta

el micrófono

el micrófono

la entrada
la entrada

el tigre
el tigre

la jaula
la jaula

la cebra
la cebra

el alimento para animales
el pienso

el oso panda
el panda

los animales
los animales

el elefante
el elefante

el canguro
el canguro

el rinoceronte
el rinoceronte

el gorila
el gorila

el oso
el oso

el camello

el camello

el avestruz

el avestruz

el león

el león

el mono

el mono

el flamenco

el flamingo

el loro

el loro

el oso polar

el oso polar

el pingüino

el pingüino

el tiburón

el tiburón

el pavo real

el pavo real

la serpiente

la serpiente

el cocodrilo

el cocodrilo

el cuidador del zoológico

el guardián de zoológico

la foca

la foca

el jaguar

el jaguar

el poni

el poni

el leopardo

el leopardo

el hipopótamo

el hipopótamo

la jirafa

la jirafa

el águila

el águila

el jabalí

el jabalí

el pescado

el pescado

la tortuga

la tortuga

la morsa

la morsa

el zorro

el zorro

la gacela

la gacela

el fútbol americano
el fútbol americano

el ciclismo
el ciclismo

el tenis
el tenis

el básquet
el baloncesto

la natación
la natación

el boxeo
el boxeo

el hockey sobre hielo
el hockey sobre hielo

el fútbol
el fútbol

el bádminton
el bádminton

el atletismo
el atletismo

el handball
el balonmano

el esquí
el esquí

el polo
el polo

las actividades

las actividades

reír
reír
saltar
saltar
abrazar
abrazar
caminar
caminar
cantar
cantar
soñar
soñar
rezar
rezar
besar
besar

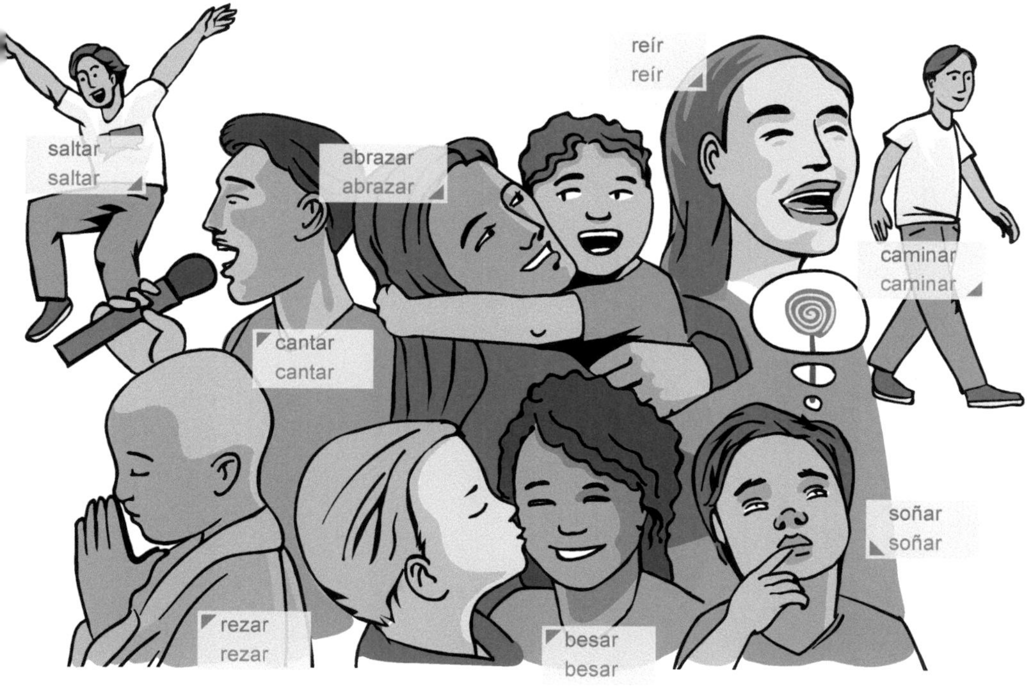

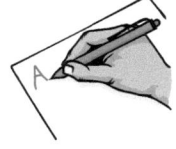

escribir

escribir

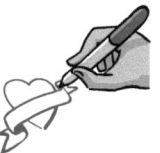

dibujar

dibujar

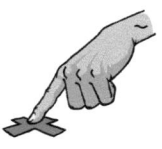

mostrar

mostrar

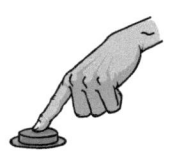

presionar

empujar

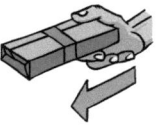

dar

dar

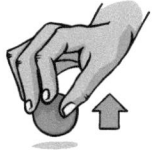

tomar

tomar

tener

tener

hacer

hacer

ser

ser

estar parado

estar de pie

correr

correr

tirar

tirar

tirar

tirar

caer

caer

estar acostado

yacer

esperar

esperar

llevar

llevar

estar sentado

estar sentado

vestirse

vestirse

dormir

dormir

despertar

despertar

mirar

mirar

llorar

llorar

acariciar

acariciar

peinar

peinar

hablar

hablar

entender

entender

preguntar

preguntar

escuchar

escuchar

beber

beber

comer

comer

ordenar

ordenar

amar

amar

cocinar

cocinar

manejar

conducir

volar

volar

navegar

navegar

calcular

calcular

leer

leer

aprender

aprender

trabajar

trabajar

casarse

casarse

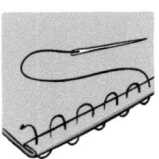

coser

coser

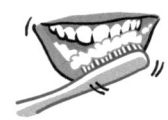

cepillarse los dientes

cepillarse los dientes

matar

matar

fumar

fumar

enviar

enviar

la familia
la familia

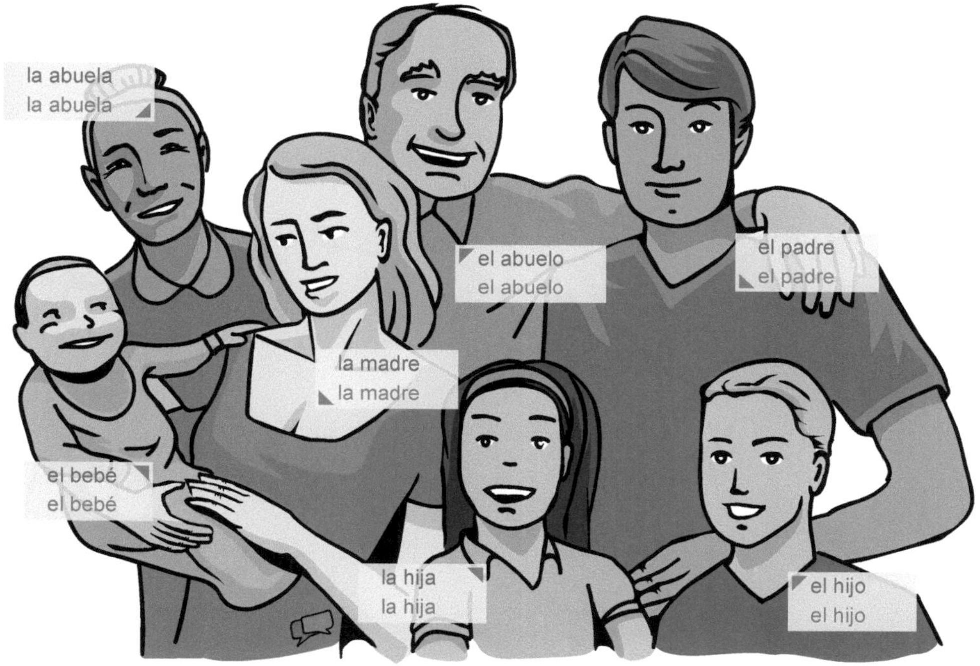
la abuela
la abuela
el abuelo
el abuelo
el padre
el padre
la madre
la madre
el bebé
el bebé
la hija
la hija
el hijo
el hijo

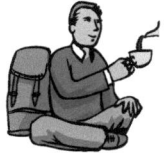

el invitado

el invitado

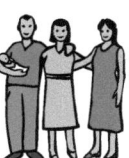

la tía

la tía

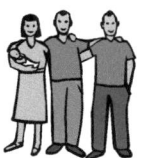

el tío

el tío

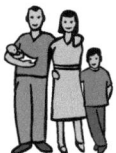

el hermano

el hermano

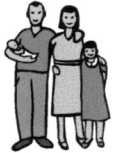

la hermana

la hermana

el cuerpo

el cuerpo

la frente
la frente
el ojo
el ojo
el hombro
el hombro
el dedo
el dedo
la cara
la cara
la pera
la barbilla
la mano
la mano
la pierna
la pierna
el pecho
el pecho
el brazo
el brazo

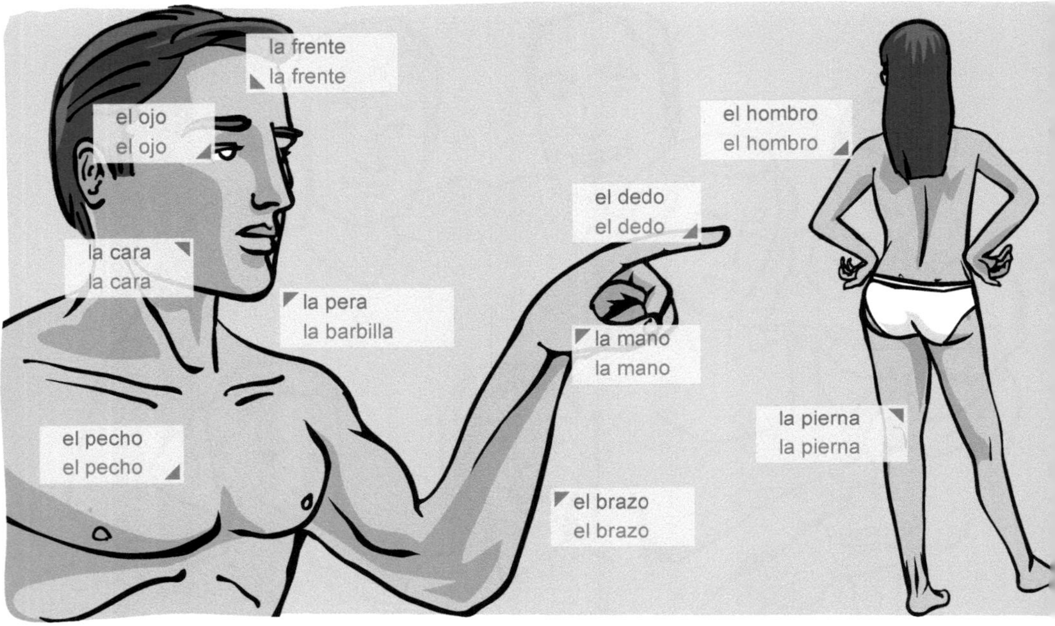

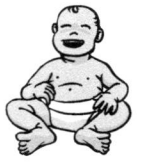

el bebé

el bebé

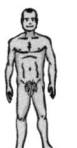

el hombre

el hombre

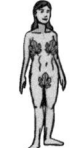

la mujer

la mujer

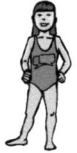

la nena

la chica

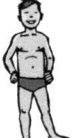

el nene

el chico

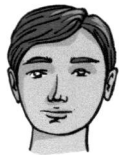

la cabeza

la cabeza

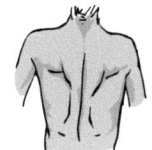

la espalda

la espalda

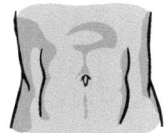

la panza

el vientre

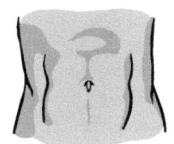

el ombligo

el ombligo

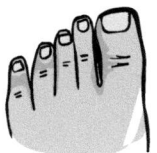

el dedo del pie

el dedo del pie

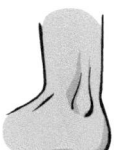

el talón

el talón

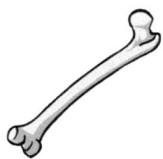

el hueso

el hueso

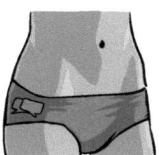

la cadera

la cadera

la rodilla

la rodilla

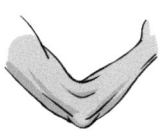

el codo

el codo

la nariz

la nariz

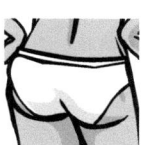

la cola

el trasero

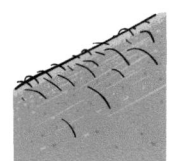

la piel

la piel

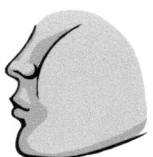

el cachete

la mejilla

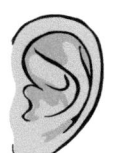

la oreja

el oído

el labio

el labio

el cuerpo - el cuerpo

la boca
la boca

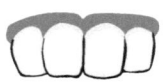

el diente
el diente

la lengua
la lengua

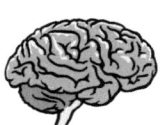

el cerebro
el cerebro

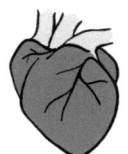

el corazón
el corazón

el músculo
el músculo

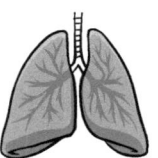

el pulmón
el pulmón

el hígado
el hígado

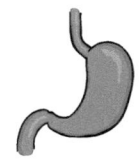

el estómago
el estómago

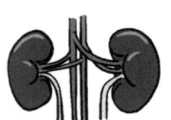

los riñones
los riñones

el sexo
el sexo

el preservativo
el condón

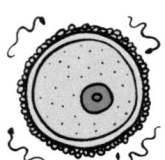

el óvulo
el ovario

el semen
el semen

el embarazo
el embarazo

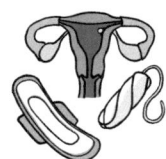

la menstruación

la menstruación

la vagina

la vagina

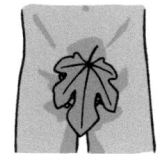

el pene

el pene

la ceja

la ceja

el pelo

el pelo

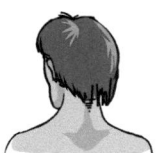

el cuello

el cuello

el hospital
el hospital

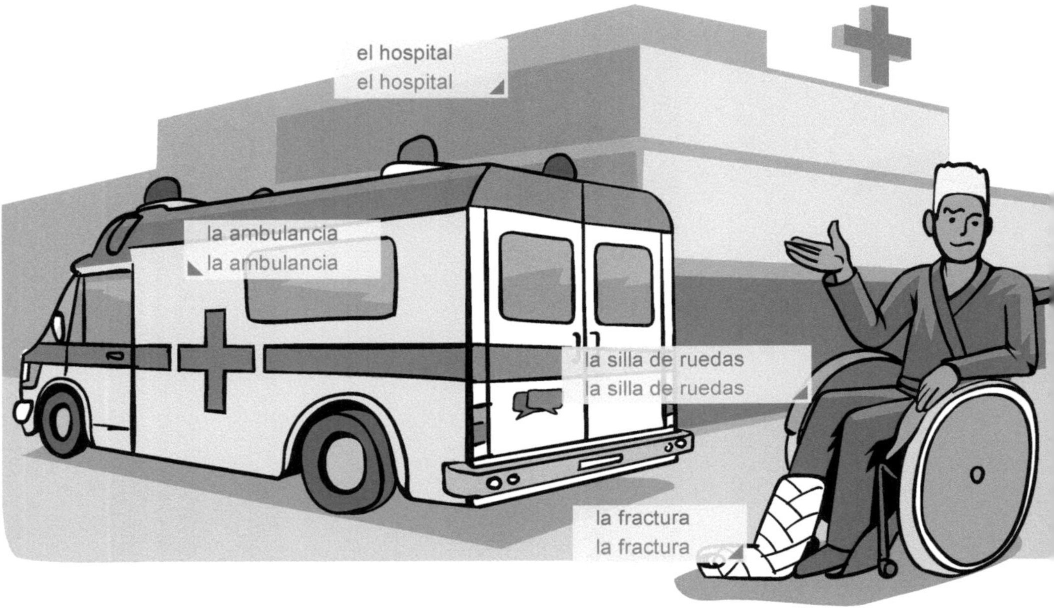

el hospital
el hospital
la ambulancia
la ambulancia
la silla de ruedas
la silla de ruedas
la fractura
la fractura

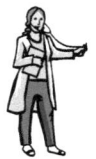

el médico

el médico

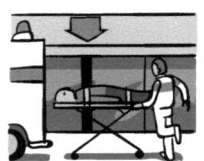

la sala de guardia

la sala de urgencias

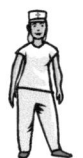

la enfermera

la enfermera

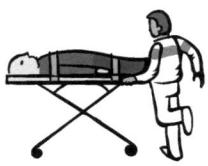

la emergencia

la urgencia

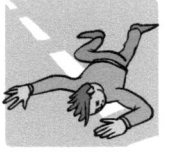

inconsciente

inconsciente

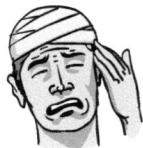

el dolor

el dolor

la lesión

la lesión

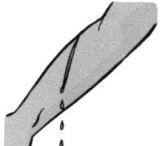

la hemorragia

la hemorragia

el infarto

el infarto

el ACV

el ictus

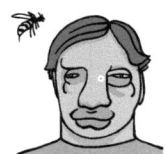

la alergia

la alergia

la tos

la tos

la fiebre

la fiebre

la gripe

la gripe

la diarrea

la diarrea

el dolor de cabeza

el dolor de cabeza

el cáncer

el cáncer

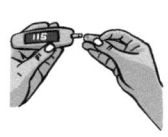

la diabetes

la diabetes

el cirujano

el cirujano

el bisturí

el bisturí

la operación

la operación

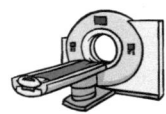

la TC

TAC

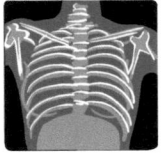

los rayos x

los rayos x

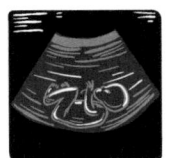

la ecografía

el ultrasonido

el barbijo

la mascarilla

la enfermedad

la enfermedad

la sala de espera

la sala de espera

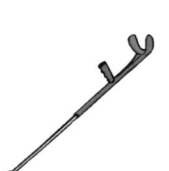

la muleta

la muleta

la curita

la tirita

la venda

la venda

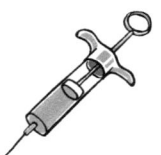

la inyección

la inyección

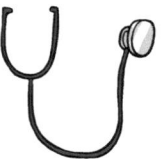

el estetoscopio

el estetoscopio

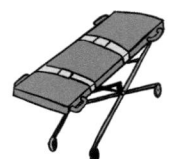

la camilla

la camilla

el termómetro

el termómetro

el nacimiento

el nacimiento

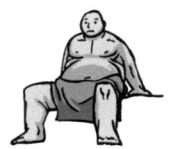

el sobrepeso

el sobrepeso

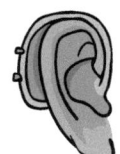

el audífono

el audífono

el desinfectante

el desinfectante

la infección

la infección

el virus

el virus

el VIH / SIDA

VIH / SIDA

el remedio

la medicina

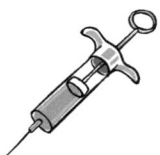

la vacunación

la vacunación

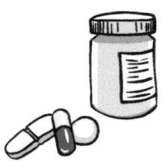

los comprimidos

las tabletas

la pastilla anticonceptiva

la pastilla

la llamada de emergencia

la llamada de urgencia

el tensiómetro

el tensiómetro

enfermo / sano

enfermo / sano

¡Ayuda!

¡Socorro!

la alarma

la alarma

la agresión

el asalto

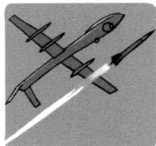

el ataque

el ataque

el peligro

el peligro

la salida de emergencia

la salida de emergencia

¡Fuego!

¡Fuego!

el matafuego

el extintor de incendios

el accidente

el accidente

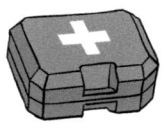

el botiquín de primeros auxilios

el botiquín de primeros auxilios

el SOS

SOS

la policía

la policía

Europa

Europa

América del Norte

Norteamérica

América del Sur

Sudamérica

África

África

Asia

Asia

Australia

Australia

el Atlántico

el atlántico

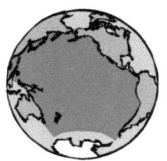

el Pacífico

el Pacífico

el Océano Índico

el Océano Índico

el Océano Antártico

el Océano Antártico

el Océano Ártico

el Océano Ártico

el polo norte

el polo norte

el polo sur

el polo sur

la Antártida

La Antártida

la Tierra

la tierra

la tierra

la tierra

el mar

el mar

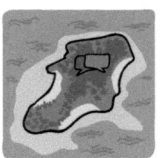

la isla

la isla

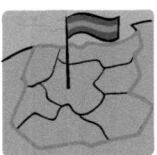

la nación

la nación

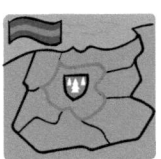

el estado

el estado

la esfera

la esfera

la manecilla de las horas

la manecilla de las horas

el minutero

el minutero

el segundero

el segundero

¿Qué hora es?

¿Qué hora es?

el día

el día

la hora

el tiempo

ahora

ahora

el reloj digital

el reloj digital

el minuto

el minuto

la hora

la hora

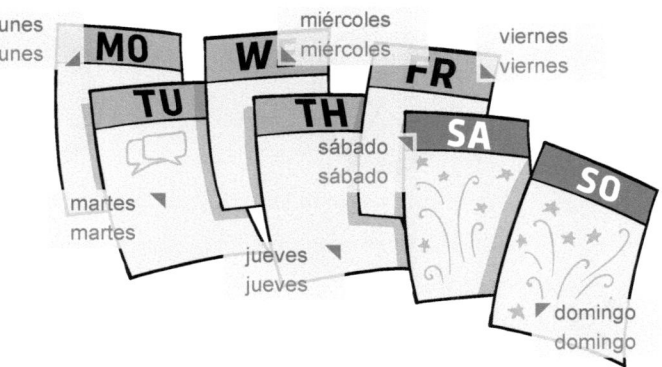

lunes
lunes

miércoles
miércoles

viernes
viernes

martes
martes

sábado
sábado

jueves
jueves

domingo
domingo

ayer

ayer

hoy

hoy

mañana

mañana

la mañana

la mañana

el mediodía

el mediodía

la tarde

la tarde

los días hábiles

los días laborables

el fin de semana

el fin de semana

el año

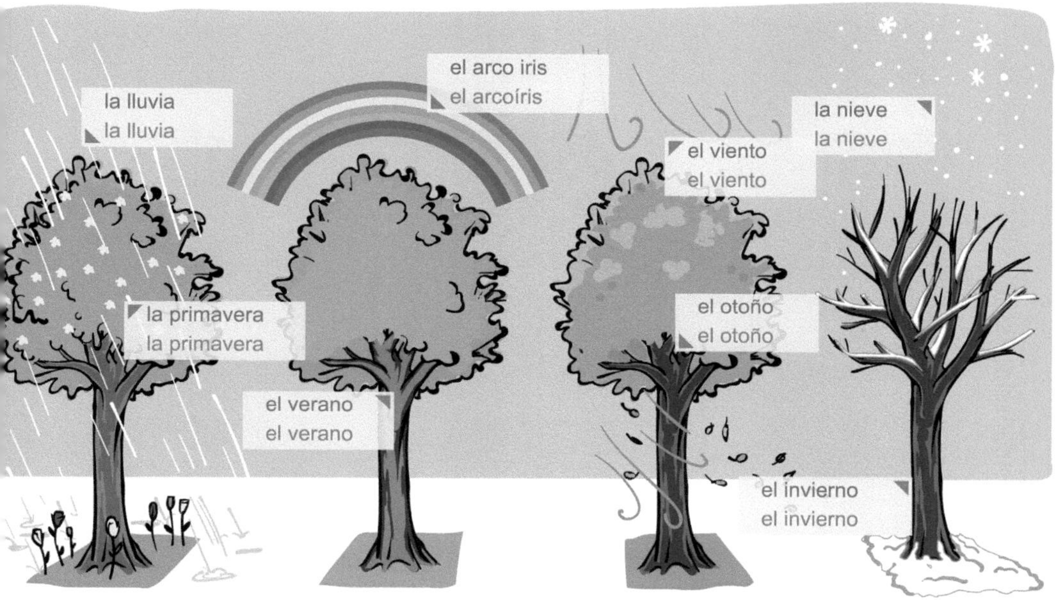

el arco iris
el arcoíris
la lluvia
la lluvia
la nieve
la nieve
el viento
el viento
la primavera
la primavera
el otoño
el otoño
el verano
el verano
el invierno
el invierno

4.APRIL 11°
5.APRIL 4°
6.APRIL 13°
7.APRIL 8°
8.APRIL 10°

l pronóstico meteorológico

el pronóstico del tiempo

F C
120 40
90 30
60 20
30 10
0 0
-30 -10
-20

el termómetro

el termómetro

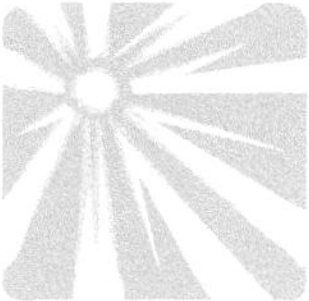

la luz del sol

el sol

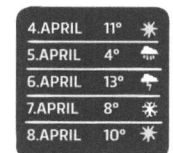

la nube

la nube

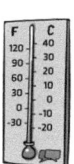

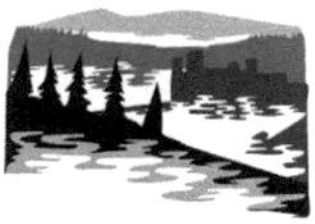

la niebla

la niebla

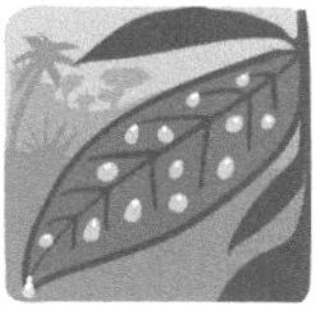

la humedad

la humedad

el rayo

el rayo

el trueno

el trueno

la tormenta

la tormenta

el granizo

el granizo

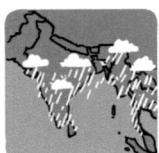

el monzón

el monzón

la inundación

la inundación

el hielo

el hielo

enero

enero

febrero

febrero

marzo

marzo

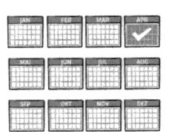

abril

abril

mayo

mayo

junio

junio

julio

julio

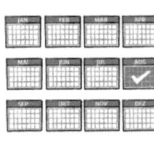

agosto

agosto

el año - el año

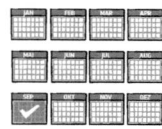

septiembre

septiembre

octubre

octubre

noviembre

noviembre

diciembre

diciembre

las formas
las formas

el círculo

el círculo

el cuadrado

el cuadrado

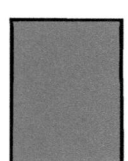

el rectángulo

el rectángulo

el triángulo

el triángulo

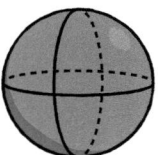

la esfera

la esfera

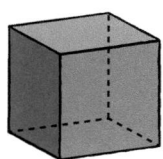

el cubo

el cubo

blanco

blanco

amarillo

amarillo

naranja

anaranjado

rosa

rosa

rojo

rojo

violeta

morado

azul

azul

verde

verde

marrón

marrón

gris

gris

negro

negro

mucho / poco

mucho / poco

enojado / tranquilo

enojado / tranquilo

lindo / feo

bonito / feo

el principio / el fin

principio / fin

grande / chico

grande / pequeño

claro / oscuro

claro / oscuro

el hermano / la hermana

el hermano / la hermana

limpio / sucio

limpio / sucio

completo / incompleto

completo / incompleto

el día / la noche

el día / la noche

muerto / vivo

muerto / vivo

ancho / angosto

ancho / estrecho

comestible / no comestible

comestible / no comestible

malo / amable

malo / amable

entusiasmado / aburrido

entusiasmado / aburrido

gordo / flaco

gordo / delgado

primero / último

primero / último

el amigo / el enemigo

el amigo / el enemigo

lleno / vacío

lleno / vacío

duro / blando

duro / blando

pesado / liviano

pesado / ligero

el hambre / la sed

el hambre / la sed

enfermo / sano

enfermo / sano

ilegal / legal

ilegal / legal

inteligente / estúpido

inteligente / tonto

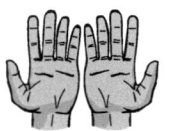

izquierda / derecha

izquierda / derecha

cerca / lejos

cerca / lejos

nuevo / usado

nuevo / usado

nada / algo

nada / algo

viejo / joven

viejo / joven

encendido / apagado

encendido / apagado

abierto / cerrado

abierto / cerrado

silencioso / ruidoso

silencioso / ruidoso

rico / pobre

rico / pobre

correcto / incorrecto

correcto / incorrecto

áspero / suave

áspero / suave

triste / contento

triste / contento

corto / largo

corto / largo

lento / rápido

lento / rápido

mojado / seco

húmedo / seco

caliente / frío

cálido / frío

guerra / paz

guerra / paz

0

cero

cero

1

uno

uno

2

dos

dos

3

tres

tres

4

cuatro

cuatro

5

cinco

cinco

6

seis

seis

7

siete

siete

8

ocho

ocho

9

nueve

nueve

10

diez

diez

11

once

once

12

doce

doce

13

trece

trece

14

catorce

catorce

15

quince

quince

16

dieciséis

dieciséis

17

diecisiete

diecisiete

18

dieciocho

dieciocho

19

diecinueve

diecinueve

20

veinte

veinte

100

cien

cien

1.000

mil

mil

1.000.000

el millón

el millón

los idiomas

el inglés

el inglés

el inglés americano

el inglés americano

el chino mandarín

el chino madarín

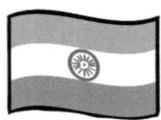

el hindi

el hindi

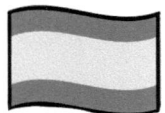

el español

el español

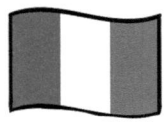

el francés

el francés

el árabe

el árabe

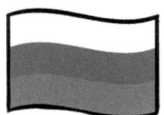

el ruso

el ruso

el portugués

el portugués

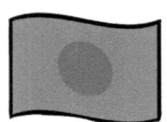

el bengalí

el bengalí

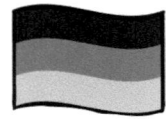

el alemán

el alemán

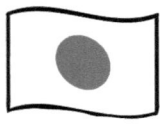

el japonés

el japonés

yo

yo

vos

tú

él / ella

él / ella / ello

nosotros

nosotros/as

ustedes

vosotros/as

ellos

ellos/as

¿quién?

¿quién?

¿qué?

¿qué?

¿cómo?

¿cómo?

¿dónde?

¿dónde?

¿cuándo?

¿cuándo?

el nombre

el nombre

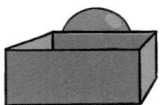

detrás

detrás

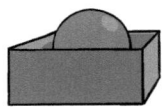

en

en

adelante de

delante de

por encima de

por encima de

sobre

sobre

debajo de

debajo de

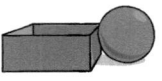

al lado de

junto a

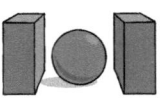

entre

entre

el lugar

el lugar